Reglement

Für die Lanziers des Regiment

Prinz Clemens chevaux-legers

Beiträge zur sächsischen Militärgeschichte zwischen 1793 und 1813

Heft 61

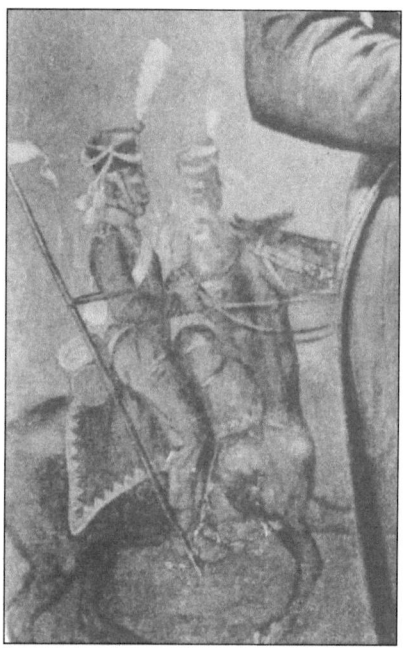

Abb.:   Ulan mit „Lanz am rechten Arm!"
(im Hintergrund des Gemäldes „Karl Wilhelm Ferdinand von Funck als Generaladjutant")

Reglement

Für die Lanziers des Regiment

Prinz Clemens chevaux-legers

Die Deutsche Bibliothek verzeichnet diese Publikation in der Deutschen Nationalbibliographie; detaillierte bibliographische Daten sind im Internet über http://dnb.ddb.de abrufbar.

Die Deutsche Bibliothek – CIP – Einheitsaufnahme

Jörg Titze (Hrsg.) – Reglement für die Lanziers des Regiment Prinz Clemens Chevaux-legers

ISBN 978-3-7528-9855-2

Herstellung und Verlag:

BoD - Books on Demand, Norderstedt

Einleitung

Das nachfolgend wiedergegebene Reglement lag als Handschrift[1] in der Bibliothek der Bundeswehr in Düsseldorf und müsste sich heute in der Bundeswehrbibliothek Dresden befinden.

Es handelt sich (wohl) um eine Abschrift des Originals durch Sousleutnant[2] Moritz v.Funck.

Das Regiment Prinz Clemens Chevauxlegers wurde durch AHO vom 09.10.1811 zur Bewaffnung mit Lanzen ausersehen. Hierzu wurde im Balsewitzer Tännicht[3] vom November 1811 bis Februar 1812 eine Abteilung des Regiments unter Major von Gecka durch 2 Unteroffiziere und 2 Gemeine eines polnischen Ulanen-Regiments in den Gebrauch der Lanze eingewiesen. Aller-

---

[1] gestempelt mit Nr. 9382

[2] Patent vom 26.04.1809

[3] Der Blasewitzer Tännicht ist ein Mischwald, der sich bis 1899 von Johannstadt nach Blasewitz erstreckte und von dem heute noch Teile als Blasewitzer Waldpark (neben dem Universitätsklinikum) erhalten sind. In der Zeit der Könige und Fürsten war dies ein beliebtes Jagdgebiet, da sich hier ein guter Wildbestand an Hasen und Rebhühnern bot. Teilweise nutzten auch Bauern dieses Gebiet um Felder anzulegen und zu bestellen. Der Siebenjährige Krieg … hinterließ … Spuren und eine erneute Aufforstung des Gebietes fand nur spärlich statt. Quelle http://wikimapia.org/4246650/de/Waldpark-Blasewitzer-Tännicht

dings scheint die Lanze erst 1812 in größerer Stückzahl in das Regiment gelangt zu sein, wie das im Anhang befindliche Schreiben des Generalmajors v.Gersdorf an den Generalleutnant v.Funck vom 29.02.1812 nahelegt. Mit genanntem Schreiben gelangte auch erst das hier behandelte Reglement an die Truppe. Da das sächsische Korps am 27.03.1812 in den russischen Feldzug aufbrach, wird die vom Sousleutnant v.Funck verfertigte Abschrift in den Zeitraum März 1812 zu verorten sein.

Ob die Abschrift des Herrn Sousleutnant dem Original vollständig entspricht, kann auf Grundlage des einen Exemplars nicht geklärt werden. Ob weitere Abschriften oder gar das Original[4] überdauert haben, ist derzeit nicht bekannt.

Ich möchte mich auch bei Ihnen, verehrter Leser, für den Kauf dieses Buches bedanken. Insofern Sie Anregungen haben oder über den Inhalt diskutieren wollen, so können Sie mich via email unter sachsen-titze@t-online.de erreichen. Ihr

Jörg Titze

---

[4] „Noch heute besitzt das Archiv des 1.Königs-Husaren-Regiments No.18 eine ausführlich geschriebene Instruktion für das Ulanen-Regiment Prinz Clemens … Namentlich der 2.Band … befasst sich mit den Lanzenübungen … zu Fuß wie zu Pferd …" Quelle: Geschichte des Regiment, Großenhain u. Leipzig 1901

Cap. I

Handgriffe zu Fuß mit der Lanze

Auf das Kommandowort

Ergreift die Lanz!

Ergreift jeder Mann seine Lanze mit voller rechter Hand und trägt selbige dergestalt auf der rechten Schulter, dass sie einen Schuh hoch von dem Ende und zwei Schuh von der rechten Schuhspitze gerade vorwärts abstehe, der rechte Arm ist hierbei so nachlässig gekrümmt, dass Hand und Ellenbogen in gerade Linie kommen. Der Mann tritt sogleich in die ihm angewiesene oder bekannte Rangierung.

S' wird gestellt!

Die rechte Hand bringt die Lanze neben die rechte Schuhspitze und geht an derselben der Schulter gleich herauf, der Daumen liegt hinten gerade aufwärts an der Stange, die vier Finger umfassen selbige so, dass die Knöchel rechts auswärts stehen; der rechte Ellenbogen wird locker an den Leib angelegt, die Hand soweit an der Schulter hervorgezogen, dass die Lanze senkrecht stehe.

Stellt euch!

worauf sich jedermann in der vorher beschriebenen Positur einrichtet und beim Vor- oder Rückwärtstreten die Lanze, die übrigens ganz in ihrer Haltung bleibt, nur ein wenig von der Erde lüftet.

Es ergibt sich von selbst, dass wenn das Glied gut gerichtet ist, auch die Lanzen ihre eigne Richtung bilden.

Schultert!

ist ein Handgriff, welcher den Wendungen, dem Marsche oder dem Abtreten jedesmal vorausgeht. Auf das Kommandowort geht die Hand mit ganz ausgestreckten Arm, doch ohne dass der Mann sich bückt, an der Lanze herunter, nimmt dieselbe dermaßen in die Gabel, dass der Daumen inwendig, die zwei ersten Finger vorn, die zwei letztren hinten schräg an der Lanze herunterliegen und lässt sie unvermerkt an die Ärmelnaht der Schulter zurück fallen.

Auf das Kommandowort

Marsch!

wird mit dem Antreten die Lanze, ohne sie von der Schulter zu bringen, durch Einziehung des Armes eine Hand breit von der Erde erhoben, das rechte Handgelenk immer inwendig fest an der Hosennaht angelegt, damit die Lanze nicht während des Marsches wankt, der Stiel derselben ist von der rechten Fußspitze 6 Zoll in gerade Linie vorwärts entfernt, so dass die Lanze etwas weniges über die Schulter zurückfalle.

Wenn während dem Marsche

Los!

kommandiert wird, so ziehet der Mann die Lanze ein reichlichen Schuh breit von der Erde in die Höh, dergestalt, dass die Hand, welche hierbei die Lanze so umfasst wie bei *Ergreift die Lanz!* An die Hüfte zu liegen kommt, lässt sie jedoch nicht mehr zurückfallen, weil außerdem die Vorderleute mit dem Stiel gestoßen und in dem Marsch gehindert würden.

Auf

Richt euch!

wird die Lanze wieder in die Lage zum Marsche genommen.

Bei dem Kommandowort

Halt!

wird die Lanze jedesmal wieder in die Lage von Schultert genommen.

Wenn auf das Kommandowort *Schultert!* anstatt zu marschieren eine Wendung erfolgt, so lüftet der Mann während derselben durch Anziehung des Armes die Lanze eine Hand breit von der Erde und bringt sie nach der Wendung schnell wieder neben die rechte Schuhspitze in die vorherige Stellung.

Bevor man eine Abteilung mit Lanzen abtreten lässt, soll allemal zuvor *Schultert!* und dann *Tret ab!* kommandiert werden.

Lanzen hoch!

Die rechte Hand geht rasch an der Stange in die Höhe und hält die Lanze nach der bei *S' wird gestellt!* gegebenen Anweisung.

Los!

Die rechte Hand und der linke Fuß bleiben auf der Stelle und der rechte Fuß wird zum Ruhen vorgesetzt. Auf

Richt euch!

tritt der Mann in die Stellung von Lanzen hoch.

Wenn dem Lanzier die Gefechtsgriffe zu Fuße angewiesen werden sollen, so wird, nachdem die Kommandowörter *Ergreift die Lanz!* und *S' wird gestellt!* vorausgegangen sind, kommandiert

Mit Distanz stellt euch!

Hierauf tritt jedermann in die Richtungslinie und nimmt hierbei mit Auslegung seiner Lanze, um die ganze Länge derselben von seinem Nebenmann Distanz, als dann aber die Lanze hoch. Ist jedoch das Glied schon geschlossen aufgestellt, so soll kommandiert werden

Rechts oder **Links**, **Links und Rechts**,

wobei die Mitte bestimmt werden muss,

Distanz genommen – Marsch!

Sobald die Mannschaften mit der gehörigen Distanz angetreten sind, wird kommandiert

Lanz am rechten – Arm!

Auf *Lanz am rechten* – wobei etwas angehalten wird, teilt der Mann mit dem Daumen den Lanzenriemen und legt ihn untern den obern Teil desselben quer über die Stange; auf *Arm!* verlassen die 4 Finger die Stange, der Daumen bleibt an den Lanzenriemen und die Hand geht schnell durch denselben, so, dass während die Lanze zurück hinter die rechte Schulter fällt, der obere Teil des Lanzenriemens über, der untere Teil desselben aber unter dem Arm zu liegen kommt. Hierauf wird die rechte Hand flach, so dass der Daumen nach hinten zu liegen kommt, in der Dünnung des rechten Schenkels und mit gekrümmten, nach auswärts stehenden Ellenbogen aufgesetzt. Über dem wird zugleich durch etwas über einen Schuh seitwärts setzen des linken Fußes und durch Anlegung des linken Armes, die Positur wie zu Pferde genommen.

————

Cap. II

Auf- und Absitzen

Die Stellung des Lanziers vor dem Aufsitzen ist an der linken Seite des Pferdekopfes so, dass letzterer mit der Brust des Mannes eine Linie macht. Die rechte Hand umfasst den Trensenzügel, so wie es das Reglement besagt und in der linken wird die Lanze, ganz wie es zu Fuße angewiesen ist, hoch gehalten.

Auf das Kommandowort

Macht euch fertig zum Aufsitzen!

Tempo 1) macht der Mann eine ¼ Wendung rechts, tritt mit dem rechten Fuß soweit zurück, dass er dem linken Bügel gleich zu stehen kommt und während der linke Fuß nachgezogen und auf diese Weise Front gegen das Pferd gemacht wird, muss die Lanze zugleich mit der linken Hand, welche in ihrer Lage bleibt, eine Hand breit von der Erde angehoben und wenn der linke Fuß angezogen ist, 8 Zoll von dessen Schuhspitze gerade vorwärts nach dem Pferde niedergesetzt und an die Schulter angelehnt werden, die rechte Hand, welche hierbei an den Trensenzügel zurückging, bleibt an denselben, die linke locker an der Lanze.

Tempo 2) die linke Hand verlässt die Lanze, die rechte nimmt den Kandarenzügel und legt sie dergestalt in die linke Hand, dass der 4te Finger dieselben teilt. Das Ende wird oben durch die Hand gezogen, der Trensenzügel in die volle Hand genommen; von selbiger zugleich, mit Beihilfe der rechten, eine Hand voll Mähne unten an Sattelknopf ergriffen und nunmehro die Lanze mit der rechten Hand von der Schulter genommen und so in die linke gelegt, dass sie eine Spanne von der rechten abstehe; die rechte Hand, welche die Lanze über der Schulter ergriffen haben muss, bleibt, den Daumen aufwärts, über der linken.

Tempo 3) Verlässt die rechte Hand die Lanze und fasst den linken Steigbügel. Siehe Reglement Temp. 2

Tempo 4) siehe Reglement Temp. 3

Sitzt auf!

Tempo 1) siehe Reglement

Tempo 2) siehe Reglement

Tempo 3) die rechte Hand verlässt die Pistolen Halfter und ergreift mit ausgestrecktem Arm ohne den Körper zu biegen die Lanze unter dem linken Arm. Der Mann schleudert selbige hierauf in einem Zuge in die Höhe, lässt sie durch seine rechte Hand, die er etwas öffnet, hindurch spielen und fängt sie so kurz am Stiele, dass er dieselben, indem er den Arm nicht über seinen Kopf in die Höhe hebt, gemächlich über den Sattel mit ausgestrecktem Arm, an seiner rechten Seite herunter in den Schuh bringen kann; der rechte Fuß wird hierbei soweit vorgebracht, als es nötig ist, dass der Mann, ohne den Kopf zu biegen, den Schuh erblicken und die Lanze, während dem in Schuh bringen, etwas auf die Schulter angelehnt. Worauf die rechte Hand bis an den Lanzenriemen herauf geht und denselben, indem er nach inwendig gedreht ist, mit dem Daumen teilt.

Tempo 4) der Mann fährt mit der Hand durch den bereits geteilten Lanzenriemen so, dass während dem die Lanze nunmehr zurück hinter die rechte Schulter fällt, der obere Teil des Lanzenriemens über, der untere Teil unter den Arm, das Ganze aber mitten an den Arm zu liegen kommt; hierauf werden die Zügel berichtigt und die rechte Hand wird, wie es zu Fuß angewiesen, in die Dünnung des Schenkels gesetzt.

NB: Es ist hier zu bemerken, dass das Führen der Lanze an der einmal im Reglement vorgeschriebenen Positur des Mannes zu Pferde nichts ändert, als dass der Lanzier 2 Löcher noch kürzer reitet und unter dem Knie den Fuß etwas mehr zurückzieht, als bei der übrigen Kavallerie angewiesen ist.

Das Absitzen kann auf zweierlei Art geschehen, von Lanzen am rechten Arm oder Lanzen hoch.

Mit Lanzen am rechten Arm abzusitzen

Macht euch fertig zum Absitzen!

Tempo 1) die rechte Hand verlässt den Schenkel, legt die Mähnen in die linke und hierauf wird mit dem rechten Arm, der wieder auf den Schenkel gesetzt wird, ohne dass sich der Körper des Reiters bewege, dergestalt ein mäßiger Schwung gegeben und zu gleicher Zeit zu Beförderung derselben, der rechte Fuß ein wenig zurück genommen, dass die Lanze in einen Halbzirkel um den rechten Arm herum läuft und senkrecht in ihren Schuh zu stehen kommt; der Arm geht während dem aus dem Lanzenriemen an der Stange, soweit er ohne den Oberleib zu biegen ausgestreckt werden kann, herab, von hinten wird die Lanze mit voller Hand angegriffen und durch einiges Drehen im Schuh gelüftet.

Tempo 2) wird die Lanze, ohne die Hand über den Kopf erheben zu müssen, über den Sattel nach der linken Seite gebracht, hier lässt sie der Mann unter den linken Arm neben der Schulter des Pferdes bis auf eine Spanne von der Erde herab gleiten und legt sie in die linke Hand, die rechte Hand bleibt über der linken an der Stange, Daumen aufwärts.

Tempo 3) siehe Reglement Temp. 2

Tempo 4) siehe Reglement Temp. 3

Sitzt ab!

Tempo 1) siehe Reglement

Tempo 2) Der linke Fuß geht aus dem Bügel, die rechte Hand verlässt den Sattelfrosch und umfasst die Lanze über der linken Hand, wie beim Aufsitzen.

Tempo 3) die linke Hand verlässt Lanze, Mähnen und Zügel, die rechte übergibt der linken die Lanze, welche dieselbe auf die linke Seite hoch nimmt, während jene die Trensenzügel ergreift.

Tempo 4) macht der Mann eine ¼ Wendung links, tritt mit dem linken Fuße antretend vor neben des Pferdes Kopf, hebt die Lanze hierbei eine Hand breit von der Erde und nimmt selbige wieder hoch am linken Arm, während dem aber geht die rechte Hand an der Trense vor und umfasst beide Trensen nach der Vorschrift.

<u>Mit der Lanze hoch abzusitzen</u>.

Macht euch fertig zum Absitzen!

Tempo 1) wird die Lanze an die rechte Schulter gelehnt und der rechte Fuß hierbei soweit vorgestreckt, dass die rechte Hand die Mähne in die linke geben kann, ohne dass die Stange der Lanze den Mann an den Kopf drücke. Hierauf ergreift die rechte Hand die Lanze von hinten mit ausgestreckten Arm und voller Hand, ohne den Oberleib zu biegen, stellt sie wieder senkrecht auf und lüftet sie durch einiges Drehen im Schuh.

Die übrigen Tempos sind ganz wie beim Absitzen mit Lanze am rechten Arm.

Das geschwind Absitzen, so wie das Aufsitzen, geschieht übrigens von den Lanziers ganz nach den Kommando, wie es im 5ten Abschnitt 4tes Buch des Reglements befohlen ist, und haben selbige die bei jeden Kommando zu erfüllenden 4 Tempos, eben so wie die übrige Kavallerie die 3 Tempos rasch hinter einander weg zu machen.

Geschieht dieses Absitzen von Lanze hoch, so stecken auf das Kommando

Eskadron soll absitzen!

Offiziers, Wachtmeister und Reserve, wenn sie mit gezogenen Säbel halten, selbigen sogleich ein.

Soll der Mann, wenn er abgesessen ist, ruhen, so wird

Los!

kommandiert, worauf derselbe wie in den Handgriffen zu Fuß, den rechten Fuß vorsetzt, Lanze und Zügel aber jedes in seiner Hand behält.

Ist man hingegen lange abgesessen und will den Leuten das halten der Lanze erleichtern, so soll kommandiert werden

Stoßt ein die Lanz!

Der Mann tritt, mit den rechten Fuße antretend, einen Schritt vor, macht gleich darauf rechts um und stößt durch einen festen Stoß die Lanze eine Elle vor seines Pferdes Kopfe in die Erde.

Hierauf macht er wieder links um und tritt, mit dem linken Fuße antretend, zurück neben seines Pferdes Kopf. Die rechte Hand bleibt während dem unverrückt an den Trensenzügel. Hierauf wird

Los!

kommandiert. Wenn die Lanze wieder ergriffen werden soll, wird zuvor

Achtung!

kommandiert, worauf der Mann Positur nimmt, dann

Ergreift die Lanz!

Der Mann tritt wieder einen Schritt vor, macht rechts um, hebt die Lanze aus der Erde, bringt sie sich hoch an die linke Seite, macht links um, tritt wieder zurück, ganz in der Art wie beim Einstoßen der Lanze.

―――

Cap. III

Handgriffe zu Pferde

A) mit der Lanze

Der Lanzier nimmt zu Pferde, er rücke einzeln oder im Gliede aus, allemal seine Lanze am rechten Arm, wie es bereits beim Handgriffe zu Fuß und beim Aufsitzen angewiesen worden ist. Es wird aber hierbei noch festgesetzt, dass die Fahne der Lanze bei dieser Positur mit dem Hinterteile des Pferdes abschneiden und nicht über selbiges heraus ragen soll und müssen in größern Abteilungen allemal die Lanzen , wenn sie am rechten Arm hängen, einerlei und in einer Linie zu fallen, welches durch Schnallung des Lanzenriemens leicht zu bewirken ist.

Lanzen hoch!

Der Lanze wird mit fest aufgestützten Arm, ohne dass sich der Körper des Reiters bewege, ein mäßiger Schwung gegeben, zu gleicher Zeit der rechte Fuß zu Beförderung derselben etwas zurück genommen, so dass die Lanze um den Arm herum läuft, dieser aus dem Lanzenriem gezogen, selbige der Schulter gleich, folglich unter der Klammer des Lanzenriemens ergriffen und senkrecht in Schuh gestellt. Die Hand, deren Lage wie zu Fuß bei *Lanze hoch!*, soll 6 Zoll von der Schulter nach vorn entfernt und die Positur des Lanziers zu Pferde dergestalt sein, dass Hand, Knie und Lanzenschuh 3 Punkte geben, welche die senkrechte Linie, in welcher die Lanze steht, durchschneiden. Der Lanzenriemen muss rückwärts zu liegen kommen.

NB.: Bei dem Kommandowort *Lanzen hoch!* wird auf hoch jedesmal von Offiziers und Wachtmeisters, sowie von den Karabiniers, welche in Reservezügen halten, in einem Tempo und ohne vorherige Anlegung der rechten Hand an den Säbel, derselbe gezogen.

Um mit einen Regiment oder einer Eskadron die Honneur zu beweisen, wird die Lanze gesenkt, die Offiziers salutieren hierbei und die Trompeter blasen Marsch. Die Wachtmeister und die Abteilungen, die dabei mit gezogenen Säbel halten, präsentieren mit denselben in einem Tempo, in der Art, dass sie den Säbel gleich von der Schulter mit dergestalt gekrümmten Arm, dass der Daumen inwendig 2 Querhände breit vom Gesichte, dem Kinne gleich, die Klinge flach für dasselbe kommt, herauf bringen.

Das Kommando hierzu ist

Senkt die Lanz!

Die Lanze wird gerade nach vorn gesenkt, so weit der Arm, der an selbiger etwas herauf geht, dass er der Schulter gleich bleibe, ausgestreckt werden kann, ohne den Oberleib oder die rechte Schulter vorzugeben, der rechte Fuß wird hierbei eine

Hand breit zurück gezogen, die Lanzen müssen im Glied genau gerichtet sein.

Lanzen hoch!

Die Lanze wird wieder in ihre senkrechte und erste Stellung gebracht. Mit diesem Kommandowort werden auch die Säbel wieder auf die Schulter genommen.

Lanz am linken Arm!

Tempo 1) die Hand geht rasch mit ausgestrecktem Arm ohne Biegung des Körpers herunter an der Lanze, umgreift sie von hinten mit voller Hand und lüftet sie im Schuh.

Tempo 2) wird die Lanze, ohne die Hand über den Kopf zu erheben, über den Sattel nach der linken Seite, über den linken Arm und mit den nämlichen Vorteilen, wie beim Aufsitzen angegeben sind, in den linken Schuh gebracht. Die rechte Hand geht sobald dieses geschehen, an der Lanze, der linken Schulter gleich, hinauf und teilt den nach inwendig gedrehten Lanzenriemen, der Daumen der rechten Hand kommt dabei inwendig, die 4 Finger auswärts zu liegen.

Tempo 3) verlässt die linke Hand die Zügel und geht rasch durch den geteilten Lanzenriemen, die rechte Hand lässt die Lanze hinter die linke Schulter zurückfallen, wobei der Lanzenriemen wie bei am rechten Arm zu liegen kommt; der Mann ergreift hierauf mit beiden Händen seine Zügel, ordnet sie und setzt die rechte Hand angewiesenermaßen auf den Schenkel.

Soll nunmehr der Lanzier mit dem Säbel fechten oder mit dem Gewehr feuern, so geschieht es auf die im Reglement vorgeschriebene Art und wird daher, sobald mit geschlossenen Gliedern geladen oder gefeuert werden soll, jedesmal die Lanze am linken Arm genommen.

Lanz am rechten Arm!

Tempo 1) die linke Hand übergibt der rechten die Zügel, stützt sich, wie zuvor die rechte, auf den Schenkel, die Lanze wird durch den bekannten Schwung mit Zurücknahme des linken Fußes und mit Entziehung des Armes aus den Lanzenriemen, senkrecht in Schuh gebracht, hierauf mit ausgestreckten Arm ohne Biegung des Oberleibs an der Stange herab gegangen und die Lanze im Schuh gelüftet.

Tempo 2) bringt die linke Hand die Lanze über den Sattel nach der rechten Seite über den rechten Arm in den rechten Schuh und teilt den Lanzenriemen ganz in der Art, wie es vorher von der rechten nach der linken Seite angewiesen worden ist.

Tempo 3) die rechte Hand verlässt die Zügel, geht durch den Lanzenriemen, die linke lässt die Lanze hinter die Schulter zurückfallen, beide Hände ergreifen und ordnen die Zügel, die rechte Hand geht wieder auf den Schenkel.

Es kann von *Lanz am rechten Arm!* eben so wohl *Lanz am linken Arm!* genommen werden und wird in diesem Fall sich beim 1sten Tempo eben so weit vorbereitet, wie es bei *Lanz am linken Arm!* 1stes Tempo festgesetzt worden.

Lanzen – hoch!

ist bereits angewiesen

Tragt die Lanz!

Ist ein Handgriff, der bloß von Ordonnanzen, die hinter Stabsoffiziers reiten und von Spitzen der Avant- u. Arriergarden, bei Paradenmärschen und in Friedenszeiten ausgeübt wird.

Auf *Tragt* wird, ohne die Hand von der Stange zu rücken, die Lanze, welche jedesmal zuvor hoch genommen sein muss, aus dem Schuh gehoben und mit dem Stiele hinter die rechte Wade gebracht, senkt sich folglich etwas nach vorn, doch bleibt die rechte Hand in ihrer vorigen Entfernung von der rechten Schulter.

Auf *die Lanz* lässt der Mann die Lanze ohngefähr eine Spanne durch die Hand herab schlüpfen, so dass die Hand, welche bis jetzt unter der Klammer des Lanzenriemens war, über dieselbe zu liegen kommt und setzt die Hand mit der Lanze hierauf in die Dünnung des Schenkels dergestalt, dass die

Lanze in diagonaler Richtung über des Pferdes Hals liege und der Stiel eine Elle von der Erde entfernt bleibe; der Daumen liegt inwendig aufwärts, die 4 Finger haben die Lanze umfasst.

Lanze in die linke – Hand!

Die Lanze wird gleich über der rechten Hand zu den Zügeln in die volle linke Hand in derselben schrägen Richtung, wie bei *Tragt die Lanz!* vorgeschrieben, gelegt und die rechte Hand wieder auf den Schenkel gesetzt.

In dieser Lage werden dem Lanzier die Handgriffe mit den Pistolen angewiesen, da es diejenige ist, welche er als Flanqueur oder Vedette, wo er die Pistolen gezogen und am Pistolen Träger in der rechten Hand hat, annehmen muss.

Zugleich wird hier erinnert, dass ein Lanzier, der auf Vedette oder als Flanqueur, der einen Höhern Meldung machen will, die Lanze in der linken Hand und das Pistol in der rechten, wie es in der Haltung nach *macht euch fertig* angewiesen wird, haben.

Tragt – die Lanz!

Vor *Lanz in die linke Hand!* wird dieses Kommando in einem Tempo vollzogen. Die rechte Hand ergreift nämlich die Lanze gleich unter der linken und trägt und hält sie in der Art, wie es vorhero angewiesen, auf den rechten Schenkel.

Lanzen – hoch!

Die Lanze wird erhoben und zugleich eine Elle in die Höhe geschleudert, um sie sicher in den Schuh bringen zu können. Sobald letzteres mit Hilfe einiger Anlehnung der Lanze an die Schulter geschehen, geht die Hand der Schulter gleich und stellt die Lanze, wie es bereits angewiesen worden.

B) Chargierung

Wenn der aus den Karabiniers bestehende Reserve Zug laden soll, so wird zuvor, wenn er mit Lanzen bewaffnet ist, dieselbe mittelst Kommando am linken Arm genommen, hierauf wird kommandiert

Karabiner im Haken!

Die rechte Hand macht mit Hilfe der linken, welche den Zügel verlängert, den Schieber derselben aber unverrückt lässt, den Ruhriemen los, die linke Hand ergreift, sobald dieses geschehen, die Zügel wieder unter dem Schieber und die rechte Hand, welche den Karabiner in der Dünnung umfasst hat, legt selbigen in die linke, so dass der kleine Finger der letzteren über der Pfannfeder, der Daumen an den untern Teil des Schaftes aufwärts, der Karabiner hingegen in schräger Richtung über den Sattelfrosch so, dass der Lauf neben des Pferdes linken Ohr weg ziele, das Schloss unterwärts, die Parierstange aufwärts zu liegen komme; die rechte Hand ergreift hierauf den Karabinerhaken, hakt ein und bringt den Karabiner nach der rechten Seite, wo sie ihn, Mündung unterwärts, Schloss aufwärts, herab fallen lässt; desgleichen macht selbige noch den Ladestock los und lässt ihn ebenfalls an der rechten Seite herab fallen.

Ist dieses geschehen, so wird bei den Karabiniers, so wie bei allen Ladungen der Lanziers überhaupt, kommandiert

Habt acht! Zug soll laden!

Der Mann schlägt die Eschabraque so weit zurück, als nötig ist, um ungehindert die Pistolen ziehen können, lässt aber hierbei den Umgang vorne, öffnet hierauf die Patronentasche und ergreift bei den Karabiniers mit der rechten Hand den Karabiner in der Dünnung, bringt denselben auf die linke Seite, so dass die Dünnung auf das linke Dickbein, der Lauf auswärts nach des Pferdes Kopf, die Mündung so erhaben, dass der Mann in den Lauf sehen kann, zu liegen kommt; die linke Hand umgreift mit den Zügeln den Karabiner, den kleinen Finger über der Parierstange, den Daumen am Schaft aufwärts, die rechte Hand wird wieder aufs Dickbein gesetzt.

Soll mit Tempos geladen werden, so geht nunmehro das Avertissement

S' wird – gezählt!

voraus.

Ladt!

wird ausgehalten

1) wird das Pistol kurz umgewendet in die volle linke Hand gelegt, der Kolben wieder ans Dickbein angesetzt, der Bügel kommt jetzt auf und das Schloss unterwärts, die Mündung wieder in ihre vorige Richtung zu liegen, der Mann ergreift die Patrone, beißt sie ab, setzt sie mit verkehrter Hand in Lauf und bleibt in dieser Haltung.

2) Gibt die rechte Hand mit den Ballen einen derben Schlag an das Pistol, zieht hierauf mit dem Daumen und Zeigefinger, welcher wie die übrigen 3 Finger eingeschlagen ist, den Ladestock und setzt ihn in die Mündung.

3) wird der Ladestock 2mal derb aufgesetzt, an seinen Ort gebracht, das Pistol mit der rechten vollen Hand in der Dünnung umfasst, aus der linken Hand genommen, umgewendet, dass der Bügel nach unten, das Schloss nach oben, die Mündung wieder in ihre vorige Richtung und das Pistol über die linke Hand zu liegen komme.

Pistol – ein!

Das Pistol wird mit verwandter Hand rasch in seine Halfter gesteckt und darauf die rechte Hand wie gewöhnlich auf den Schenkel gesetzt.

Das linke Pistol wird nunmehro auf die nämliche Art geladen wie das rechte, nur muss selbiges im Kommando benannt werden.

Wenn nunmehro gefeuert werden soll, so wird das Avertissement gegeben

Habt acht zu chargieren!

Wenn die Abteilung bereits geladen und das Gewehr wieder bedeckt hat, so wird auf dieses Kommando, wie bei *Zug soll laden*, die Eschabraque zurück gelegt, dann muss aber vor diesen Avertissement Karabiner in Haken genommen werden. Hierauf wird kommandiert

Karabiner hoch!

Der Karabiner wird in die Dünnung gefasst, erhoben und auf die Dünnung des rechten Schenkels so aufgesetzt, dass der Lauf rechts neben des Pferdes Kopf hinziele und dass der Mann nicht über die Mündung hinweg sehen kann.

Fertig!

Die linke Hand wird eine Spanne über den Sattelfrosch erhoben und ergreift den Karabiner über der Pfannfeder, welchen die rechte Hand, so weit als nötig, herunterbringt.

Der Daumen der rechten Hand geht hierauf an den Hahn, der Zeigefinger über den Bügel, die übrigen 3 Finger bleiben hinter demselben; der Hahn wird gespannt, die rechte Hand geht wieder in ihre vorige Lage, bis auf den Zeigefinger, welcher über den Bügel bleibt und der Karabiner wird wie vorher aufs Dickbein aufgesetzt.

An!

Die linke Hand geht dem Karabiner abermals entgegen, die rechte hebt denselben mit einen lebhaften Ruck an die Schulter und bringt ihn fest in Anschlag, die linke, welche die Zügel behält, geht zugleich von dem Visierring, wo sie den Karabiner aufnahm, an den Bügel und nimmt den Karabiner mit Daumen und Zeigefinger, nach dem Gesicht des Mannes zu, in die Gabel. Der Oberleib wird etwas vorgelegt, beide Ellenbogen sind erhoben, der Zeigefinger der rechten Hand wird an den Abdrücker gelegt.

Feuer!

Das Gewehr wird rasch abgedrückt, ohne dasselbe und den Kopf zu verrücken; der Mann bleibt ruhig in seiner Lage, bis nach kurzen Aufenthalt

G'laden!

kommandiert wird. Jetzt zieht der Mann den Karabiner herab, hält ihn wie beim *Fertig machen*, setzt dann den Han in die Ruh und schließt die Batterie, jedes besonders wie es im Exercis zu Fuß angewiesen wird, bringt hierauf den Karabiner wieder an die linke Seite, ganz in die Lage von *Habt acht! Zug soll laden!* ladet selbigen, wie es vorher angegeben worden, hintereinander weg und setzt ihn, wie bei *Karabiner hoch!*, auf den rechten Schenkel.

Soll mit Zählen geladen werden, so muss es nach dem Avertissement zum Chargieren avertiert werden.

Will man den Mann im Anschlagen absetzen und das Feuern einstellen lassen, so geschieht es auf folgende Art. Es wird kommandiert

Setzt – ab!

Auf das gedehnte Wort *Setzt* geht der Zeigefinger vom Abdrücker weg und wird wieder an den Bügel gelegt, auf *ab!* wird dem Kolben mit der rechten Hand unterwärts ein Druck gegeben, dass die Mündung in die Höhe komme und der Karabiner in die Lage von *Fertig* gebracht.

Hahn in die – Ruh!

Der Mann legt den Karabiner wie beim Fertig machen in die linke, etwas erhobene Hand, setzt mit der rechten den Hahn in die Ruh und hierauf den Karabiner wie bei *Hoch* auf den Schenkel.

Soll nicht wieder geladen werden, so wird anstatt *G'laden*

Schließt Pfann!

kommandiert. Der Mann zieht den Karabiner eben so wie bei *G'laden* in die linke Hand hervor, schließt die Pfann und setzt hierauf denselben, wie bei *Karabiner hoch!* auf das Dickbein.

Wenn mit dem Karabiner nicht mehr gefeuert werden soll, wird kommandiert

Karabiner zur Seite!

worauf derselbe auf der rechten Seite wie angewiesen herabgelegt wird.

Es wird nunmehr in der Chargierung mit Pistolen fortgefahren.

S' rechte Pistol raus!

Das Pistol wird mit verwandter Hand rasch gezogen und in die Lage gebracht, in welcher es nach der Ladung 3tes Tempo in der rechten und über der linken liegt.

Fertig!

Die linke Hand, welche eine Spanne vom Sattel erhoben wird, umgreift das Pistol, dessen Mündung aufwärts gerichtet sein muss, über der Pfannfeder, während dem die rechte, es auf die nämliche Art wie den Karabiner spannt, hierauf greift letztere in die Dünnung, legt den Zeigefinger über den Bügel und hält das Pistol vor die rechte Schulter dermaßen, dass die Mündung aufwärts stehe und das Schloss mit der Schulter in gleiche Höhe komme.

An!

Der Mann schlägt mit gebogenem Arm gerade vorwärts an und legt den Zeigefinger auf den Abdrücker.

Feuer!

Das Pistol wird abgedrückt ohne es jedoch in seiner Lage zu verrücken und so im Anschlag liegen geblieben, bis nach einen kurzen Anhalt

G'laden!

kommandiert wird. Der Mann nimmt jetzt das Pistol herab, legt es wie beim Fertig machen in die linke Hand, setzt den Hahn in die Ruh, schließt die Pfanne, jedes für sich, wendet die Pistole hierauf um und bringt sie in die Lage 1stes Tempo von *Ladt!* Dann wird rasch, jedoch mit gehörigen Ordnung und Beobachtung eine jeden Tempos geladen und nachdem das Pistol wieder umgewendet und in die Lage von *S' rechte Pistol raus!* gebracht.

Auch hier kann zur bessern Ordnung für den Mann mit Zählen geladen, ferner aus dem Anschlage abgesetzt und das Feuern eingestellt werden. Es wird als dann kommandiert

Setzt – ab!

Worauf auf *Setzt* der Zeigefinger vom Abdrücker weg und wieder an den Bügel geht, auf *ab!* wird das Pistol wieder in die Haltung von Fertig machen gebracht.

Hahn in die – Ruh!

Der Mann legt das Pistol wie beim Fertig machen in die linke Hand, welche hier aber eine Spanne vom Sattel erhoben wird, setzt mit der rechten Hand den Hahn in die Ruh und bringt als dann das Pistol in die Lage von 3ten Tempo von *Ladt!*

Soll das Pistol nach dem Abfeuern nicht wieder geladen werden , so wird kommandiert

Schließt – Pfann!

Das Pistol wird wie bei *Hahn in die – Ruh!* in die linke Hand gelegt, Hahn und Batterie in die Ruh gesetzt und geschlossen und das Pistol in die Lage vom 3ten Tempo *Ladt!* gebracht.

S' Pistol – ein!

ist angewiesen.

Die Chargierung mit den linken Pistol ist nunmehro die nämliche, nur dass das Pistol beim Herausziehen genannt wird.

Wenn die Chargierung beendigt ist, so wird bei den Karabiniers kommandiert

Karabiner im – Schuh!

Der Mann ergreift, wenn der Karabiner an der rechten Seite hängt, denselben mit der rechten

Hand und bringt ihn hierauf in die linke wie bei *Karabiner im Haken!* Löst als dann den Karabinerhaken, ergreift wieder mit der rechten den Karabiner in der Dünnung, bringt ihn in Schuh und legt mit Hilfe der linken Hand, welche die Zügel ebenso wie bei *Karabiner im Haken!* verlängert, den Ruhriemen an, die linke Hand geht wieder an die Zügel, während die rechte den Ladestock in die Schlaufe steckt und dann auf den Schenkel gesetzt wird.

Wenn der Lanzier, nachdem er mit dem Pistol am Träger exerziert oder geblänkert hat, den Pistolenträger aus den Pistolenhaken und den Umgang wieder vor machen soll, wird kommandiert

Verdeckts – Gewehr!

Die Lanze wird an die rechte Schulter gelehnt, mit der rechten Hand das Pistol eingesteckt, der Haken los gemacht, die Schabraque übergedeckt, die Zügel berichtigt und die rechte Hand aufs Dickbein aufgesetzt.

C) Chargierung mit der Lanze an der linken Hand

S' rechte Pistol – raus!

Das rechte Pistol wird auf die Art gezogen und eben so über die linke Hand gelegt wie bereits angewiesen.

Fertig!

Der Daumen und die beiden ersten Finger der linken Hand, welche sich, damit die Mündung des Pistols soviel als möglich ganz aufwärts komme, eine Spanne vom Sattel erhebt, umfassen nebst Zügeln und Lanze das Pistol, was übrigens in seiner Richtung bleibt, in der Mitte des Laufes, die rechte Hand spannt und bringt es hierauf nach Vorschrift vor die rechte Schulter.

An!

wie vorher

Feuer!

wie vorher

G'laden!

Das Pistol wird wie beim Fertig machen zur Lanze in die linke Hand gelegt, Hahn und Batterie nach der Vorschrift in die Ruh gesetzt und geschlossen, das Pistol hierauf umgewendet und mit den Kolben an den rechten Schenkel, der Bügel aufwärts, gestemmt; die Mündung muss soviel als möglich erhoben sein. Hierauf wird nach der Anweisung geladen, während dem die 3 Finger der linken Hand das Pistol unverrückt und fest halten, sobald geladen, wird das Pistol wieder in die Lage von *S' rechte Pistol raus!* genommen.

Die Handgriffe bei Versagung des Feuers, durch die Kommandowörter *Setzt ab! Hahn in die Ruh!*

– Pistol ein! ergeben sich aus den Anweisungen hierüber mit dem Bemerken, dass wo sich auf die vorher gegangenen Griffe bezogen wird, jedesmal auf die, welche mit der Lanze in der linken Hand geschehen, Rücksicht genommen werden muss. Es bedarf nunmehr keiner weitern Anweisung zur

General Decharge!

Die Kommando Wörter sind im Reglement und die Handgriffe bleiben dieselben, nur dass dem Reglement gemäß hoch angeschlagen wird. Dieses dreimalige Feuer geschieht mit den Pistolen so, dass das rechte noch einmal geladen und wenn es zum 2tenmale abgeschossen, die Pfanne geschlossen, es eingesteckt und mit der linken Pistole gefeuert wird.

Wenn übrigens den Lanziers und Karabiniers diese Handgriffe angewiesen worden und mit ihnen geübt werden, so soll vorzüglich darauf gesehen werden, dass die Leute nach mehreren Seiten anschlagen und richtig zielen lernen. Mit dem Karabiner wird gerade aus und nach dem Kommando **Links schlagt an!** links angeschlagen; mit dem Pistol hingegen wird **rechts, links, rechts rückwärts, links rückwärts, schlagt an!** kommandiert und ist hierbei zu beobachten, dass wenn der Mann links rückwärts anschlagen soll, er sein Pferd links achtel wendet.

————

Cap. IV

Gefechtsgriffe der Lanziers im Einzelnen

Nachdem man die Lanze hat hoch nehmen lassen, wird kommandiert

Fällt die Lanz!

Auf *Fällt* wird die Lanze soviel erhoben als notwendig ist, sie aus dem Schuh zu bringen und mit dem Stiel hinter die rechte Wade gebracht, so dass sie sich etwas weniger nach vorn senkt, die rechte Hand bleibt in ihrer Lage und Entfernung von der Schulter.

Auf die Lanz! wird die Lanze lebhaft unter den rechten Arm gebracht, hierbei ins Gleichgewicht genommen, welches der Mann jedesmal finden wird, wenn er die Hand, welche bis jetzt unter der Klammer des Lanzenriemens war, über dieselbe hinauf gehen lässt und horizontal grad aus [:in geschlossenen Gliedern von oben über des Pferdes Kopf weg:] gelegt, die Hand, von welcher der Daumen rechts auswärts an der Stange und die Knöchel unten zu liegen kommen, soll an der Brust herangezogen und auf diese Art die Lanze unter den Oberarm an der Schulter fest angedrückt sein.

Stoßt – aus!

Tempo 1) der rechte Arm zieht die Lanze, so lang er ausgestreckt werden kann, dass er immer über derselben bleibe und ohne sie von der Brust weg zu bringen oder aus ihrer Lage vorigen Lage sinken zu lassen, lebhaft gerade zurück; während dem Zurückziehen wendet sich die Hand dergestalt, dass der Daumen unterwärts, die 3 ersten Finger auswärts und der kleine Finger auf die Stange zu liegen kommt, die rechte Schulter wird bei dieser Gelegenheit etwas zurück genommen, damit der Stoß mehr Nachdruck erhalte.

Tempo 2) der rechte Arm schnellt die Lanze in dieser Richtung lebhaft vor nach dem Ziel, was der Lanzier ins Auge gefasst hat, der Oberleib wird etwas vorgelegt und der Arm so viel als möglich ausgestreckt, doch so, dass der obere Teil desselben die Lanze noch unter der Schulter angedrückt behält und die Stange auf die Wade des unteren Arms zu liegen kommt; die Lage der Hand, welche sich während dem Stoß wieder umwendet, ist ganz so, wie wenn die Lanze gefällt ist.

Tempo 3) wird die Lanze lebhaft zurück gezogen und in ihre erste Lage gebracht.

Links stoßt – aus!

Tempo 1) die Lanze wird erhoben, dass sie über den Kopf des Pferdes gebracht werden kann, der Mann wendet sich mit selbiger ⅛ links im Sattel und bereitet sich durch Zurückziehung des rechten Arms, wie es schon angewiesen worden ist, zum Stoß.

Tempo 2) wird ausgestoßen wie vorher

Tempo 3) die Lanze wird lebhaft in die Lage von *Fällt* zurückgezogen; der Mann bringt selbige mit einiger Aufhebung und mit ⅛ Wendung rechts über des Pferdes Kopf zurück und nimmt seine erste Positur.

Rechts stoßt – aus!

Tempo 1) der Mann wendet sich ⅛ rechts mit der Lanze und bereitet sich durch Zurückziehung des rechten Armes zum Stoß, wie vorgeschrieben.

Tempo 2) wird in dieser Richtung ausgestoßen, wie vorher links und geradeaus gestoßen wurde.

Tempo 3) zieht der Mann die Lanze lebhaft in die Lage von *Fällt* zurück und nimmt durch ⅛ Wendung links wieder seine erste Positur.

Links pariert und stoßt – aus!

Tempo 1) wendet sich der Mann ⅛ links im Sattel, nimmt zugleich die Lanze mit der nötigen Erhebung auf die linke Seite des Pferdekopfes und führt, sobald er selbigen passiert hat, eine starke und schnelle Parade nach links aus, geht in derselben wieder in soweit nach rechts zurück, dass er das Ziel, nachdem er stoßen will stoßen kann, stößt ohne auszuholen lebhaft aus und bleibt im Stoße liegen.

Tempo 2) wird die Lanze zurückgezogen und wie angewiesen nach der rechten Seite in ihre erste Lage gebracht.

Rechts pariert und stoßt – aus!

Tempo 1) der Mann wendet sich ⅛ rechts, führt zugleich eine starke und schnelle Parade nach rechts aus und geht in derselben wieder soweit links zurück, dass er das Ziel, nachdem er stoßen will stoßen kann, stößt ohne auszuholen lebhaft aus und bleibt im Stoße liegen.

Tempo 2) wird die Lanze zurückgezogen und durch ⅛ Wendung wieder in ihre erste Lage gebracht.

Kehrt die Lanz!

Der Mann gibt der Lanze vorn einen mäßigen Schwung unterwärts und dreht sie dergestalt um, dass das Bajonett, welches neben des Mannes Fuß weggeht, nach hinten, der Stiel der Lanze, welcher an der Schulter vorbei geht, nach vorn zu liegen kommt. Der rechte Arm darf hierbei nicht zu sehr vom Leibe gebracht werden. Die Lanze, welche immer in ihrem Gleichgewicht behalten werden muss, wird in der vorigen horizontalen Lage unter dem rechten Arm fest angedrückt, hierauf die Hand, welche bisher verwendet war sowie der ganze Arm in die Lage von *Fällt* gebracht.

Rückwärts stoßt – aus!

Tempo 1) der rechte Arm wird mit der Lanze geradeaus nach vorne auf der rechten Seite des Pferdekopfes völlig ausgestreckt; die Lanze unter der rechten Schulter angelegt, die Hand wendet sich dergestalt, dass der Daumen nach inwendig, die Knöchel auswärts zu stehen kommen, der Oberleib wird ein wenig vorgelegt und der Kopf rechts rückwärts gewendet.

Tempo 2) wird nach rückwärts ausgestoßen

Tempo 3) die Lanze wird lebhaft beigezogen und in ihre erste Lage unterm Arm gebracht.

Links und **Rechts pariert und stoßt – aus!**

Tempo 1) Der Stiel der Lanze wird soweit erhoben, um nicht allein des Pferdes Kopf zu passieren sondern auch mit Vorteil von oben nach unten in schrägen Zug links parieren zu können. Die Parade kraftvoll und mit einer Biegung des Oberteils ausgeführt, im Zusammenhang mit derselben die Lanze dergestalt links über den Kopf geschwungen und mit den linken Oberarm aufgefangen, dass sie horizontal und parallel mit des Mannes Brust, das Bajonett nach links, der Stiel nach rechts zu liegen kommt; der rechte Arm wird hierbei rasch rechts ausgestreckt, die Hand bleibt fast in ihrer Lage, die Lanze liegt an der Brust.

NB.: Hierbei ist noch zu bemerken, dass der linke Arm bei Aufnahme der geschwungenen Lanze, selbige gleich dahin richten kann, wo der Mann hin stoßen will.

Tempo 2) jetzt wird ein kräftiger gerader Stoß mit möglichst gestreckten Arm nach links geführt, nach vollbrachten Stoße die Lanze etwas zurück gezogen, an den linken Oberarm gelegt und in horizontaler Linie auf der linken Seite des Pferdes gerade vorwärts gebracht. Das Bajonett bleibt hinten, die Hand, welche unverrückt in ihrer Lage bleibt, ist 6 bis 8 Zoll vom linken Arm entfernt. Der Kopf wird gleich rechts gewendet.

Tempo 3) der Stiel der Lanze wird wieder wie beim Tempo 1 erhoben, die nämliche Parade von einen Druck des linken Oberarms und einiger Biegung des Oberleibs unterstützt, nach rechts ausgeführt, die Lanze fort über den Kopf geschwungen, so, dass selbige, das Bajonett rechts, der Stiel links in paralleler Linie mit des Mannes Brust kommt. Der Arm wird links ausgestreckt, die Lanze horizontal unter denselben angelegt, der Daumen liegt unten, die Knöchel oben.

Tempo 4) Ein kräftiger gerader Stoß mit gestreckten Arm nach rechts, die Hand kommt in die Lage wie bei *Stoßt – aus!* Tempo 1.

Tempo 5) Die Lanze wird lebhaft unter den rechten Arm beigezogen und zugleich über des Pferdes Kopf in ihre erste Lage gebracht.

NB.: Es ist noch besonders zu erinnern, dass alle mit der Lanze durch Vor-, Zurück- oder Seitwärtslegen mit der Lanze verlängert werden und mehr Nachdruck erhalten müssen. Um dieses aber zu bewerkstelligen, muss der Lanzier so kurz reiten, dass er mit Sicherheit sich im Sattel heben kann, wobei er jedesmal die Knie scharf andrücken und die Füße unter dem Knie etwas zurückziehen soll, ohne jedoch bei letztern das Pferd zu beunruhigen.

Schwingt die – Lanz!

Tempo 1) die Lanze wird ganz in derselben Art als beim *Links und rechts pariert und Stoßt aus!* in dem 1sten Tempo angewiesen, links geschwungen, nur dass der Stich nach links wegfällt und die Lanze ununterbrochen /: während dem der Mann mit den Kopf und den Oberleib so lange der Stiel der Lanze auf der linken Seite läuft nach ihr wendet :/ ihren Kreis umläuft und dann in die Lage dcs linken Oberarms gebracht wird, welche dort bereits im 2ten Tempo nach vollbrachten Stich links angewiesen ist. Der Kopf geht hierauf gleich rechts.

Tempo 2) wird die Lanze auf dieselbe Art rechts geschwungen als es im 3ten Tempo *Links und Rechts pariert und Stoßt – aus!* angewiesen, nur dass auch hier der Stich nach rechts wegfällt, die Lanze ihren Kreis ganz umläuft und gleich wieder verkehrt unter den rechten Arm gebracht wird; auch hier muss, während der Stiel auf der rechten Seite herum läuft, sich Kopf und Oberleib nach ihm wenden.

Tempo 3) Wiederholung des 1sten Tempos

Tempo 4) Wiederholung des 2ten Tempos

Wenn die Lanze auf das bloße Kommandowort ohne Tempos geschwungen werden soll, geschieht es auf jede Seite 2mal; die Hand muss während allen 4 Tempos nicht von ihrer Stelle und aus ihrer Lage kommen.

Wenn die Lanze auf diese Art für jemand zur Produktion geschwungen wird, soll nach 4maligen Schwingen der Mann den Stoß jedesmal rückwärts tun.

Um die Lanze aus ihrer Lage in *Kehrt* wieder in die von *Fällt* zu bringen, wird kommandiert

Vor die Lanz!

worauf der Mann der Lanze einen mäßigen Schwung rückwärts gibt und dergestalt unterwärts dreht, dass der Stiel an den Fuß, das Bajonett an der Schulter vorbeigeht und so wieder in die Lage von *Fällt* bringt. Die rechte Hand, welche hierbei wie bei *Kehrt die Lanz* verdreht wird, darf abermals in ihrer Lage nicht eher wechseln, bis die

Lanze nach ihrer Umkehrung unter den rechten Arm gebracht ist.

Lanzen hoch!

Die Lanze wird aufgerichtet, dass der Stiel, ohne das Pferd zu berühren, an den Fuß des Reiters vorbeigehe. Die rechte Hand bleibt in ihrer Entfernung von der Schulter, schleudert, sobald die Lanze senkrecht kommt, sie eine Elle in die Höh, stellt sie hierauf in Schuh, geht wieder bis unter die Klammer herauf und bringt sie in die vorgeschriebene Haltung.

Will man beim Abreiten diese Gefechts griffe im einzelnen produzieren, so würde es ohnmöglich sein, sie alle auszuüben. Es finden daher viererlei Arten von Produktionen statt

_ abgeritten und nach vorn ausgestoßen

Werden die 3 Stöße nach vorn, als nach links, nach rechts und gerad aus gemacht und muss der letzte Stoß geschehen, wenn der Mann an denjenigen vorbeireitet, für welchen abgeritten wird.

_ abgeritten und nach vorn pariert und ausgestoßen

Hier wird die Parade links und Stoß links, Parade rechts und Stoß rechts vollbracht. Beides muss aber beendigt sein, indem der Mann an denjenigen herankommt, für den abgeritten wird.

_ abgeritten und Links und rechts pariert und aus-
gestoßten

Wird nach der bereits gegeben Vorschrift gemacht
und soll beendigt sein, wenn der Mann an denjenigen herankommt, vor welchen abgeritten wird.

_ abgeritten und die Lanzen geschwungen

Wird, wie bereits gesagt worden, dergestalt vollbracht, dass der Mann denjenigen, vor welchen er
vorbeireitet, 8 Schwünge passiert haben muss, ehe
er den Stoß zurück macht.

Welche der 4 Arten von Produktionen und Gefechtsgriffen, die wie vorher bestimmt worden, im
Abreiten gemacht werden soll, so wird die Lanz
im Gliede doch nur hoch genommen, sobald aber
der Mann auf den Platz, wo der Flügelmann abritt,
anlangt, nimmt er seine Lanze in die, den auszu-
übenden Gefechtsgriffen angemessene Lage.

————

Cap. V

Gefechtsgriffe in geschlossenen Gliedern

Obgleich bei der Detail Reiterei die Lanzen zur Übung der Leute in verschiedenen Pferdegängen am rechten Arm genommen werden müssen, so sollen doch in geschlossenen Gliedern und während dem Exerzieren sie immer hoch genommen werden, überhaupt aber nicht öfters zurückgelassen. Wenn aber attackiert werden soll, wird zuvor kommandiert

Zur Attaque die Lanz!

Auf *Zur Attaque* heben die Mannschaften die Lanze aus dem Schuh und bringen sie hinter die rechte Wade, wie es beim 1sten Tempo von *Fällt die Lanz!* angewiesen worden und öffnet sich auf dieses Kommando Wort das zweite Glied um einen Schritt mehr, als es im Reglement angeordnet ist.

Auf *die Lanz!* senkt das 1ste Glied seine Lanzen, indem es dieselben über die Klammer und ins Gleichgewicht nimmt, dergestalt, dass die Lage eine Querhand über den Vorderzeuge, das Bajonett vor dem Schulterblatt des Pferdes und nicht zu tief unter der Brust zu liegen kommt; die Lanze wird übrigens über der Schulter des Pferdes etwas angelegt, damit sie ruhig liege und das Nebenmanns Pferd, wenn es prellen sollte, nicht mit selbiger verwundet werden kann und eben so in der

Hand gehalten, an die Brust herangezogen und unter der rechten Schulter angedrückt, wie es im 1sten Tempo von *Halt* angewiesen ist.

Das 2te Glied senkt seine Lanze, indem die Hand auch über der Klammer ins Gleichgewicht geht, nur so tief, dass das Bajonett ohngefähr eine Spanne über die Köpfe des ersten Gliedes weg ziele und drückt selbige mit dem Ellenbogen am Leib, damit sie fest liege und der Stiel die Pferde nicht unruhig mache.

Sobald die Abteilung an den Feind heran kommt, werden die Lanzen von beiden Gliedern wie bei *Fällt* genommen, dass 1ste Glied muss hierdurch zu imponieren wissen.

Es können in geschlossenen Gliedern nur 3 Stöße stattfinden, welche folgendermaßen angewiesen sind. Aus der Lage zur Attacke wird kommandiert

Fällt!

Der Mann bringt mittelst eines lebhaften Schwunges die Lanze aufwärts in diese bereits angewiesene Lage.

Nach vorn stößt aus!

Nach links!

Tempo 1) der Mann bringt seine Lanze aus der Lage von *Fällt* mit einem kurzen imponierenden Schwung und mit einer 8tel Wendung links über des Pferdes Kopf nach der linken Seite, fällt ohne auszuholen in dieser Direktion im Stoß aus und bleibt in demselben liegen, ganz in der nämlichen Art, wie es in den Stößen nach vorn angewiesen worden; es muss dem Manne begreiflich gemacht werden, dass er in dieser Direktion auf den Gegner seines linken Nebenmannes stoßen solle.

Tempo 2) zieht der Mann seine Lanze zurück und bringt sie mit einer 16tel Wendung über des Pferdes Kopf in die Lage von *Fällt*.

Nach rechts!

Tempo 1) wendet sich der Mann mit der Lanze $\frac{1}{16}$ Teil rechts, wie vorher nach links und stößt in dieser Direktion ohne auszuholen nach seines rechten Nebenmannes Gegner, soweit als möglich aus und bleibt im Stoße liegen.

Tempo 2) wird die Lanze zurückgezogen und durch $\frac{1}{16}$ Teil Wendung links in die Lage von *Fällt* gebracht.

Gerad aus!

Tempo 1) wird rechts neben des Pferdes Kopf ohne auszuziehen soweit als möglich vorgestoßen, wobei die Lage ganz dieselbe ist, wie bei *Stoßt – aus!*

Tempo 2) wird die Lanze beigezogen und zur Attacke genommen.

Alle in diesem Anhang aufgeführten Hand- und Gefechtsgriffe werden, wenn der Mann zur gehörigen Fertigkeit gelangt ist, ohne Tempos und auf das letzte Kommando Wort exerziert und so geschehen denn auch diese 3 Stöße nach vorn hintereinander weg, auf folgende Art

Fällt!

Nach vorn stoßt aus!

Nach links!

Nach rechts!

Gerad aus!

Es ist aber vorzüglich bei allen Gefechtsübungen ohne Tempos darauf zu sehen, dass der Mann sich nicht übereile, sondern bei dem Ausfalle eines jeden Stoßes eben sowohl einen Augenblick in derselben Lage bleibe, als auch durch Anziehung der Lanze wieder sich zum folgenden Stoß gehörig vorbereite.

Außerdem würde der Nachteil daraus entstehen, dass die Leute sich in der Übereilung gewöhnten, den Stoß nicht hinlänglich und kraftvoll auszuüben und ihn bloß zu markieren.

Das Exercis der geschlossenen Gefechtsgriffe kann nur Gliederweise, wohl aber aus der Lage zur Attacke für beide Glieder geübt werden. Die Fertigkeit der Mannschaften kann endlich dazu gelangen, dass sie Gliederweise in währenden Galopp auf das letztangeführte Kommando stoßen können. Bei weniger Fertigkeit wird es nur im Schritt geübt.

Wenn aus der Attacke in ein gemäßigtes Tempo übergegangen wird, so bleiben die Lanze wie *Zur Attaque die Lanz!* in der Voraussetzung, dass die Attacke erneuert werden könnte.

Auf das Kommando Wort

Halt!

Nimmt jeder Mann gleich die Lanze hoch, wobei er das nämliche zu beobachten hat, wie wenn es von Fällt geschieht.

―――

Cap. VI

Vom Blänkern

Wenn vor dem Regimente oder der Eskadron die Blänkerzüge aufgestellt werden sollen, so wird, wenn selbige schon bestimmt sind

Blänkerzüger vor!

wenn sie nicht festgesetzt sind

Rechter oder Linker Flügelzug zum Blänkern vor!

kommandiert. Auf dieses Kommando Wort nehmen die benannten Züge, wenn die Lanzen in Arm sind, selbige, ohne weiteres Kommando abzuwarten, *hoch!* und die sie kommandierenden Offiziers setzen sich vor ihre Züge.

Trab / Galopp! Marsch!

Der Zug, welcher mit den Augenblick der Bewegung unter das Kommando des Offiziers tritt, geht, bis er das erste Glied passiert hat, in dem befohlenen Tempo gerade aus. Hierauf zieht er sich, wenn er sich bloß für die Eskadron zu setzen hat, mit *Halt euch rechts oder links – Marsch!* für die Mitte, geht, wenn er vor selbiger ist wieder *Grad aus!* und 150 bis 300 Schritt vor der Eskadron bleibt er halten.

Rücken die Flügelzüge des Regiments vor und sollen sich für 2 oder 3 Eskadrons setzen, so kommandiert der Offizier, sobald er 50 Schritt gerade aus gegangen ist, *links oder rechts um*, geht vor die Intervalle der 2, mit seinen Blänkern zu deckenden Eskadrons, kommandiert wieder *rechts oder links um*; wenn er die vorher angegebene Entfernung von der Eskadron erreicht hat, bleibt er halten.

Sobald die Züge an ihren Standpunkt angelangt sind, wird kommandiert

Macht euch fertig zum Blänkern!

Die Mannschaften zählen hierauf in beiden Gliedern, exkl. den Unteroffiziers, 1, 2 ab, legen zugleich, während dem die Lanze an die rechte Schulter zu liegen kommt und die Zügel verlängert werden, mit beiden Händen die Schabracke zurück, um ungehindert die Pistolen ziehen zu können, haken die Pistolenträger an das rechte Pistol und nehmen hierauf die Lanzen wieder hoch.

Hierbei muss sich nicht lange aufgehalten werden und sobald dieses alles geschehen ist, kommandiert der Offizier

Blänker vor!

Das zweite Glied bleibt mit *Lanzen hoch* halten, was aber die Blänker haben und wie sie ihre Waffen zweckmäßig gebrauchen sollen, ist mit den

3ten Abschnitt 6tes Buch des Reglements bereits hinlänglich gesagt.

Es bedarf hierbei für die Lanziers nur noch folgende Erinnerungen.

So wie die Blänker auf das letzte Kommando Wort auseinandergehen, legt jeder seine Lanze in die linke Hand und zieht das bereits an den Pistolenträger gehakte rechte Pistol.

Sobald er seinen Schuss als Blänkerer angebracht, lässt er das Pistol auf der rechten Seite, ergreift schnell die Lanze und bringt sie in die Lage wie von *Zur Attaque die Lanz!*, geht in Karriere auf den feindlichen Blänker los und sucht, wenn dieser das Gefecht annimmt, ihm einen Stoß beizubringen. Hat er gefehlt und sein Gegner attackiert ihn mit dem Säbel, so pariert er nach der Weisung von *Links pariert und stoßt – aus!* oder *Rechts pariert und stoßt – aus!* und wird nunmehro gewiß einen Stoß auf den Mann oder wenigstens aufs Pferd anbringen.

Wird der Blänkerer von mehreren und überlegen angegriffen, so wendet er sein Pferd links und kehrt seine Lanze, jetzt verteidigt er sich durch *Links und rechts pariert und stoßt aus!* oder wenn er zum Stoßen keine Zeit hat, mit dem Schwingen der Lanze bis er wieder bei seinem Sekundanten, der während der Zeit auf seinen Platz gerückt ist, zurück kommt; steht der Feind nicht vom Verfolgen ab, so macht er mit diesem gemeinschaftliche Sache; ist er nicht weiter verfolgt, so geht er in die 2te Linie und ladet. Ebenso kann der Lanzier, wenn der Feind ihm im Verfolgen nicht zu nahe ist, die umgekehrte Lanze in die linke Hand legen, das linke Pistol ziehen und rückwärts abfeuern, es dann mit der Lanze in der linken Hand umtauschen und fechten. Doch soll er sich hierauf nicht einlassen, wenn er nicht so geschickt ist, dass er für Wegwerfen des linken Pistols gesichert ist.

Wenn à la Debandade oder auf Appell zurück gegangen wird, so sollen die Blänker das Pistol gleich in die Ruhe setzen und hängen lassen und im währenden zurückgehen, insofern sie der Feind verfolgt oder es beim Exerzieren supponiert wird, *links und rechts parieren und ausstoßen* und *schwingen*. Sobald sie aber in die Intervalle oder auf dem Raillement Platz kommen, muss die Lanze schnell vor und hoch genommen werden.

Wenn die aus Karabiniers bestehenden Reservezüge vorgehen zum Blänkern, so haben sie den Säbcl gczogen oder auch Lanze hoch! insofern sie sich durch *Lanze in die linke Hand* im Feuern mit den Karabiner nicht verhindert glauben und führen selbige auch wie vorher angewiesen.

Indessen haben sie auf das Kommando Wort

Macht euch fertig zum Blänkern!

anstatt dem Pistol den Karabiner in Haken zu hängen.

Die Bewaffnung der Karabiniers mit Lanzen hat eigentlich nur den Zweck, dass man bei zu schwacher Front sie mit in die Eskadrons stellen kann, gehen über dem in der Kompanie im Gefechte Lanzen zu Grunde, so sollen sie bei den Karabiniers zuerst fehlen.

Wenn auf die in den Reglement festgesetzten Appells die Blänkerzüge wieder einrücken, so lässt der Offizier auf das Kommando Wort

Verdeckts Gewehr!

das Gewehr schnell wieder aushaken und die Schabracke vorlegen, ehe er einrückt.

Wenn sich zur Schwarm Attacke formiert wird, so nehmen die Lanziers die Lanzen ebenfalls wieder in die linke Hand, und das Feuergewehr, was sie im Haken führen, gebrauchen aber nach dem Abfeuern die Lanze beim Angriff und beim zurück gehen à la Debandade, wie es beim Blänkern vorgeschrieben worden.

Wird mit einem Regiment oder Eskadron à la Debandade attackiert, so soll zuvor die Lanze zur Attacke genommen sein, ist es nicht geschehen, so geschieht es im währenden Vorprellen.

Wenn hierauf auf Appell formiert wird, so wird zuvor die Lanze, beim zurückgehen ins Raillement gekehrt, dort aber nur mit besonderer Vorsicht von denen Reitern, welche den Feind unmittelbar hinter sich haben, geschwungen werden. Ehe der Mann ins Glied rückt, muss er sie wieder hoch genommen haben.

Generalmajor von Gersdorff (Chef des kgl. Generalstabes) an Generalleutnant von Funck (Kommandeur der Kavalleriebrigade der 2. Sächsischen Division)

Guben 29.02.1812

Ew. Hochwohlgebr. erhalten beigeschlossen eine von mir autorisierte Abschrift des neu entworfenen Exerzier Reglements für das mit Lanzen zu bewaffnende Regiment Prinz Clemens, nach welchem sich das Regiment genau zu achten und seine Übungen zu betreiben hat.

Ich habe Ihro Königl. Majestät dieses Exerzier Reglement mit der Bemerkung vorgelegt, dass vielleicht noch einige Abänderungen desselben nötig sein können, welche sich erst, nachdem man sich mit dieser neuen Waffe mehr bekannt gemacht hat und durch die Zeit mehrere Erfahrungen gesammelt hätte, genau bestimmen lassen würden, weshalb Allerhöchstdieselben dieses Reglement genehmigt, aber noch nicht durch Allerhöchst Ihro Unterschrift autorisiert haben.

Ew. Hochwohlgebr. früher eine Abschrift dieses Reglements zu übersenden, ist in den jetzigen Verhältnissen nicht möglich gewesen.

Da ich die Versicherung erhalten habe, dass das Regiment binnen kurzer Zeit wieder eine beträchtliche Anzahl Lanzen erhalten wird, so wird es notwendig, alle Übungen dieses Regiments darauf zu beschränken, die Mannschaften mit der Lanze vertrauter zu machen und sie im Exerzieren mit der Lanze so weit möglich zu vervollkommnen.

––––

Dieses Reglement nimmt vielfach Bezug auf das

„Exercir-Reglement für die Königlich Sächsische Cavalerie, Dresden 1810"

welches in der SLUB Dresden unter der Archivgutnummer Hist.Sax.M.653 sowie in der digitale Sammlung der SLUB online verfügbar ist.

An sächsischen Reglements und Instruktionen sind in dieser Reihe bisher erschienen:

No.11 Allgemeine Dienstregeln für die Unterofficiers der Churf. Sächs. Infanterie vom Jahre 1802

No.17 Unterricht für die Scharfschützen bey der Churf. sächs. Infanterie vom Jahre 1804 (Reglement)

No.18 Reglement für die Königl. Sächs. leichte Infanterie zu den Uebungen außer der geschlossenen Ordnung vom Jahre 1810

No.24 Sammlung von Instruktionen der königlich sächsischen Armee 1810 – 1813 (Teil I)

No.25 Sammlung von Instruktionen der königlich sächsischen Armee 1810 – 1813 (Teil II)

No.31 Sammlung von Instruktionen der königlich sächsischen Armee 1810 – 1815 (Teil III)

No.36 Katechismus für Soldaten / Anleitung zu Unterhaltungsstunden

No.38 Reglements für die kurfürstlich sächsische Artillerie aus den Jahren 1767 und 1777

No.44 Sammlung von Instruktionen der königlich sächsischen Armee 1810 – 1815 (Teil IV)

No.48 Instruktion und Arzneiverzeichnis für die Kompanie-Feldschere

No.53 Sammlung von Instruktionen der königlich sächsischen Armee 1810 – 1815 (Teil V)

No.56 Instruktion für die Auditeure der kurfürstlich sächsischen Armee

No.61 Reglement für die Lanziers des Regiments Prinz Clemens Chevaux-legers 1812

☽ ✳ ☾